生出版

愛上寫作很容易

很容易

六類詞語 ＋ 六種句型

暢銷書《文言文很好用》作者、
快速提升國學素養的經典圖文工作室

段張取藝———著

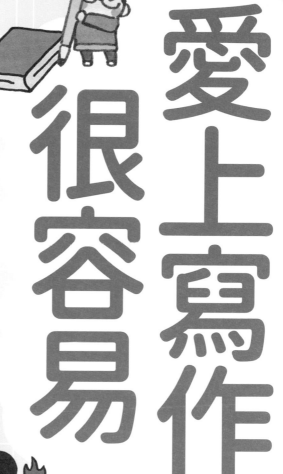

作文起步大全，從無話可寫
妙筆生花、情感豐富，考試拿高分。

目錄

愛上寫作很容易
——六類詞語＋六種句型

第一章

文章構成最基本——六大詞語 015

愛上寫作很容易
——四類修辭＋三種觀察

（第四章）

用了修辭，句子好動人 191

（第五章）

流水帳沒人理，想被瘋傳就得有角度 245

第六章

會想像，一篇文章就完成

現在，就開始編故事吧！

推薦序一

不只是寫作的《愛上寫作很容易》

閱讀推廣人、國小教師／林怡辰

　　在國小現場任教作文多年，我除了帶領語文社團、培訓作文選手，經常應邀擔任作文評審、到各學校與教師分享，也曾到新加坡、馬來西亞等地演講。在這之中，我發現，孩子最常見的問題是詞彙不多，尤其對於圖像式思考的孩子來說，運用文字真的有諸多困難。

　　沒想到，在翻開這套可愛的《愛上寫作很容易》之後，這些困難都迎刃而解。豐富可愛又吸睛的圖片，就像漫畫般親近孩子，但內容可說非常扎實。

　　這套書分成上、下冊，不僅完整收錄詞語、句子、細節、修辭、角度、想像，在詞彙方面，一頁頁的圖片和簡單解說，竟涵蓋名詞、動詞、形容詞、數詞、量詞、代名詞等，將近兩百多個單字。

　　以幽默有趣的文字，加上活潑可愛的圖畫，讓讀者一邊看圖，一邊練習。

　　除了擴充詞彙、增加靈感、統整學習外，學生最擔心的造句也能立刻升級。從陳述句、疑問句、設問句、反問句、祈使句、感嘆句，到正確使用標點符號，句子通暢了，段落豐富了，作文怎麼會

寫不好？

　　此外，文章貴在觀察有新意、運用各種修辭法，很多人經常卡在這一關，但第四章用有趣的文章和圖像，介紹比喻、擬人、誇飾、對比，既視感強烈，就算是平常不愛寫作的孩子，也可以一頁一頁讀下去。

　　越往高階，文章立意得從不同角度出發，包括怎麼切入、怎麼思考，讀完本套書後，寫人、狀物、記事、寫景一應俱全。更重要的是，詞彙的情緒覺察、思考方法，也都提到了。

　　文學想像最難教，需要突破框架、天馬行空，因此不管是文學想像，還是故事撰寫，少了過多的約束，讓孩子試著自己思考、表達，這麼一來，他們在閱讀中才能保有純粹的想像。

　　這不只是寫作書，**也是工具書**。

　　以我們每天都會用到的動詞來說，像是「吃」，可以用：舔、啃、咬、吮、細嚼慢嚥、狼吞虎嚥。書中統整的這些詞彙，寫作時拿出來**翻翻**、想想，馬上就有靈感。

　　而且，這不只是寫作書，**也是思考書**。

　　光是動作，還有分成速度、方向和心裡的。描寫一個人，更有不同角度的剖析，讓思考不只黑或白，還有各種層面和層次。

　　這不只是寫作書，**更是邏輯書**。

　　教你講述理由、精準表達、邏輯推論，以及用對關聯詞，並且用生活例句抓出孩子邏輯上的缺失，釐清事情的先後順序。

　　這不只是寫作書，**更是可愛的圖畫繪本**。

　　內容有深度，圖畫吸引眼球，令人愛不釋手，從小學甚至幼兒

園即可入手。

　　願你別錯過這套不只是寫作書的《愛上寫作很容易》，誠心推薦給大家！

推薦序二

豐富有趣的情境式語文學習書

語文教育書籍暢銷作家／高詩佳

　　《愛上寫作很容易》是一套精心打造的語文學習書，作者段張取藝是一家扎根童書和語文領域多年的工作室，專業度無庸置疑，目前已出版超過三百本兒少圖書。在這套書裡，作者以循序漸進的方式，從名詞開始，涵蓋詞、短語、句子、修辭、作文等各個層面，讓孩子們享受閱讀的同時，輕鬆掌握語文技巧。

　　這套書以可愛的圖畫和情境式的教學為特色，將抽象的語文知識生動的呈現出來。每個單元後面都設計了一個小練習，以圖畫的形式呈現，鼓勵讀者學習以後就立刻實踐，如此可以加深印象，提升學習的互動性和趣味性。

　　不但如此，這套書也著重於培養孩子的思考能力。在講解語文知識的同時，會透過延展性的教學方式，引導讀者從不同角度思考問題、擴大視野，甚至還提供有趣的語文遊戲，比如詞語搭配，讓學習更具有趣味性。

　　最讓詩佳老師感到驚喜的是，這套書不僅限於語文教學，還引導孩子們從不同的視角看待事物，鼓勵他們站在別人的立場思考。這種方式將會培養開放性思維，成為孩子們寫作的靈感來源，豐富他們的內在世界。

　　這套書把正確的表達和說話，視為學習寫作前的「準備功夫」，不但指導寫作技巧，還重視語氣和表達的準確度。透過比較錯誤和正確的用法，幫助孩子們更容易理解字、詞、句子的含意，正確的運用語文知識。

　　另外，本書透過圖解，教導孩子觀察大方向和小細節，例如觀察自己的媽媽、拆解一支鋼筆，啟發他們對事物的細緻觀察和思考。而在介紹修辭法的時候，更補充了許多寫作小技巧，讓孩子們的觀念更加扎實。

　　這套書分為上、下兩冊。上冊是基礎的語文訓練，適合低年級的孩子閱讀，提供了親子共讀的機會，讓爸媽與孩子共同享受學習的樂趣；下冊則是進階的內容，更貼近中年級以上的孩子，鼓勵他們獨立閱讀，培養自主學習的能力。

　　《愛上寫作很容易》不僅是寫作指南，更是一套啟發思考、提升語文能力的全方位教材。透過有層次的教學、豐富的內容和生動有趣的呈現方式，這套書將為孩子們打開一扇通往無限想像和創作的大門。

推薦序三

再不會寫，也能愛上寫作很容易

《人生自古誰不廢》作者／敏鎬的黑特事務所

　　寫作在我們的生活中可說是必備技能，隨著環境競爭激烈，口語表達跟思考脈絡的呈現變得越來越重要，寫作正是讓上述表達具體化的重要手段！

　　這套《愛上寫作很容易》，是能帶給寫作初學者極大幫助的工具書，裡面**不只有修辭教學，也會教導初學者思考如何寫作的心路歷程，讓人不是死板的模仿、抄寫**，而是真正透過觀察身邊的事物去描摹、刻劃心中的一幅畫。筆者認為，真正的寫作並非一成不變的照抄文法書，必須**透過觀察、記憶**，將腦中景色與自己內在一部分「**同化**」，再轉換成一篇成型的文章。

　　說來簡單，其實並不容易，畢竟寫作就是把一部分的自己赤裸裸的攤在紙上（唉呀！好害羞！）。

　　「敏鎬，說這麼久了，是不是要秀幾手讀完本書後的應用？」編輯焦躁問道。

　　「其實我還想從我幼兒園怎麼學寫作開始回憶。」雖然有點遺憾，但既然你們等不及了，那我只能把讀完這兩本書的妙用拿出來了。

「敏鎬，請用比喻法描寫一下學妹告白失敗後的你。」

「我被學妹拒絕後，心情像被冰山撞沉的鐵達尼號，沉入冰冷的大西洋裡。」

「敏鎬，請用擬人法描寫一下早上在人行道上隨風搖擺的行道樹吧。」

「人行道旁搖擺的黑板樹，彷彿跟趕著打卡的我揮手說著：『嘿嘿！我今天不用上班喔！』」

「敏鎬，請用誇飾法描寫一下你今天上班的情境。」

「還沒有回覆的 E-mail 比年初的日曆還多！我老闆說我的字比他幼兒園的兒子寫得還要端正！」嗯，這句還用了反諷，買一送一，你們真的賺翻！

除了上述一些基本的修辭技巧，本書也提示了許多寫作小技巧，方便學習的朋友能適時修正自己的錯誤，以及如何觀察事物的角度，讓讀者能夠透過多方面的描繪，使心中描摹的形象變得立體。更有趣的是，**本書還提點讀者怎麼「寫好」一個故事的雛型**，例如透過設計有趣角色、計畫衝突場景，甚至在故事高潮時插入轉折性結局，好牢牢抓住讀者的目光。在每個章節都會設計多元的案例，不會讓讀者翻開書就像跟不熟的親戚吃年夜飯一樣尷尬，而是如老友相伴，在快樂有趣的過程中學習成長。

行文至此，有興趣的讀者不妨翻開本書，體會寫作之美吧！

第一章

文章構成最基本
——六大詞語

詞語中最常見，名詞

　　我們的寫作要正式開始啦！相信這段輕鬆有趣的過程，一定會帶給你完全不一樣的體驗。現在，讓我們來開啟第一關吧！

　　首先，我們要了解構成文章最基本的──詞語。而詞語中，最常見的就是名詞，讓我們來看看名詞都有些什麼祕密吧！

名詞：構成文章的最基本

放學後，我和姐姐去公園放風箏。

我和爸爸一起製作的飛機模型得獎了。

今天，我去接弟弟下課。

其實很簡單，這些表示人物或事物名稱的詞，就是名詞。

不過，後來我懂了，要讓別人知道誰在什麼時間去哪裡、做什麼，得會很多名詞才行。

我在日記中畫的圈圈，其實就是一個名詞。名詞掌握得越多，你寫作時就越方便，否則，你可能就會像我一樣畫很多圈圈。

現在，我們來了解一下名詞的世界吧！

我有名字。

我叫西西。

我也是個小朋友。

世界上的每個人都有自己的名字，
但大家也有別的稱呼。

這是我的老師。　　　　這是我的同學。　　　　這是社區的快遞叔叔。

這些稱呼也是名詞，它們代表與我的不同關係。

世界上所有的事物都有自己的名稱。現在，你能說一說身邊的人的名字和周圍事物的名稱嗎？

這是我學習和生活的地方。

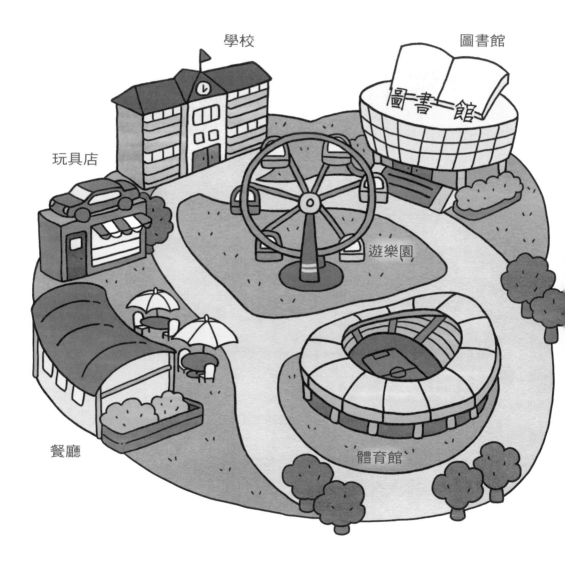

學校

圖書館

玩具店

遊樂園

餐廳

體育館

這些是我放寒、暑假時才能去的地方。

還有一些是我在書上看到、位於世界不同角落的地方。

每個地方也都有自己的名字。現在，你能
說出你知道的地方的名字嗎？

還有一些東西，需要借助別的東西才能被看見。不過，它們也有自己的名字，比如時間。

你能看著日曆和鐘錶，說出現在是何年何月何日、幾點幾分嗎？

方位也看不見，但它們也是有名字的。

例如：我的 ＿＿＿＿＿＿。

當然，不管看不看得見，它們的名字通通是名詞。

我們來玩一個小遊戲，看看你掌握了多少名詞吧！

● 動物園很有趣，你能說出動物們的「名字」嗎？

● 想一想動物園裡還有什麼？你能再說出五種動物和植物的名字嗎？

到這裡，我們已經掌握了詞語中最常見的名詞。看得出來，你在這個階段學得不錯。接下來，讓我們再了解一下其他詞語吧！

一語多變的動詞

　　除了名詞，我們要了解的第二種詞語就是動詞。動詞非常有趣，趕快來感受一下吧！

一起動起來！

用動詞，表達更生動

動詞是表示人或事物的動作、存在、變化的詞。比如吃，這個我們每天都會用到的詞，就是動詞。

她在吃排骨。

他在吃包子

他吃得很快！

她吃得很慢！

你就只會說吃嗎？

那要怎麼說？

即使是吃，也有很多種方法。

你看，當我們學會使用更豐富的動詞來表達時，描述吃這個動作就能更生動、更準確。

再看我們的小手！它們可以做出很多的動作，你知道有哪些描述手的動詞嗎？

捻（按：讀音ㄋㄧㄢˇ）

抓

扔

接

洗

戳

推

摸

那描寫腿部動作的動詞，你還知道哪些呢？

蹲

走

踢

蹦

這些動詞很有意思吧？了解它們，會讓你筆下的人物更加生動、活潑！

抖

跺

還有些動作是藏在自己心裡，別人看不到的！

贊成

討厭

佩服

害怕

有了這些藏在心裡的動詞，我們就能更好的
表達自己的情緒！

甚至有些動作還帶有方向！

過來

過去

只有分清楚這類詞，筆下的人物才不會迷失方向！

最有趣的是，有些動作還有速度之分！

只要能分辨這類詞，就能準確把握動作的速度啦！

那麼，讓我們來看看你能掌握哪些動詞吧！

● 今天，我們全家大掃除，你能說看看下方圖中的人都在做什麼嗎？

姐姐在 ＿＿＿＿＿ 。

弟弟在 ＿＿＿＿＿ 。

媽媽在 ＿＿＿＿＿ 。

爸爸在 ＿＿＿＿＿ 。

● 你知道運動會上有哪些活動嗎？請你說一說吧。

現在，我們已經學會使用動詞了。接下來要了解什麼呢？讓我們一起去看看吧！

豐富多彩的形容詞

　　恭喜你已經學會了名詞和動詞，現在我們要來學習形容詞！這部分的內容更加精彩，趕快來瞧瞧吧！

流露情感，要靠形容詞

形容詞，主要用來表示人或事物的性質或狀態。舉個例子，當我們向別人借筆時，用來描述筆的樣子的詞，就是形容詞。

要是你不用形容詞的話，別人可能會不知道你說的是哪支。

你看，如果沒有形容詞，表達就會不清楚。
想要清楚的描述出某一事物，就要用好形容詞。

如果只告訴你有一枝花，那你一定不知道這是一枝什麼樣的花。

但是如果加一些形容詞，你可能就會知道它大概的樣子。

如果再加一些形容詞，說不定你就能想像出它的色澤。

也許你還想知道它有沒有味道？

好了，現在你已經知道它
是一種很美麗的花啦！

你看，學會使用形容詞，我們就能把一枝花描述得多麼生動！

或許它不僅是一枝美麗的花，還是一枝有「個性」的花！

很大方，絲毫不介意
你用它的花瓣做標本。

很自信，
絲毫不在意別人的壞話。

你今天看起來沒
有昨天好看呢！

很冷靜，
即使被貓咪挑釁，也不為所動。

或許它還有很多性格迥異的小夥伴。

小紫成熟穩重。

小紅熱情奔放。

小綠活潑開朗。

小白單純文靜。

儘管顏色不一樣，但它們
都一樣可愛，不是嗎？

替事物加上表示性格的形容詞，它們就會更加鮮活、生動！

　　說不定，我們在觀察它的時候，它也在觀察我們，還可能會覺得我們人類的感情真是太豐富了。

考試考了一百分

開心

被弟弟弄壞
心愛的玩具

憤怒

被媽媽誤會

委屈

和姐姐鬧彆扭

傷心

電視要開始了，
但作業還沒做完。

焦急

媽媽不讓我出去玩

煩悶

也許正是因為感情豐富，人類才創造出了這麼多的形容詞吧！

現在，讓我們來看看你有沒有學會使用形容詞！

● 你能形容一下這枝花嗎？

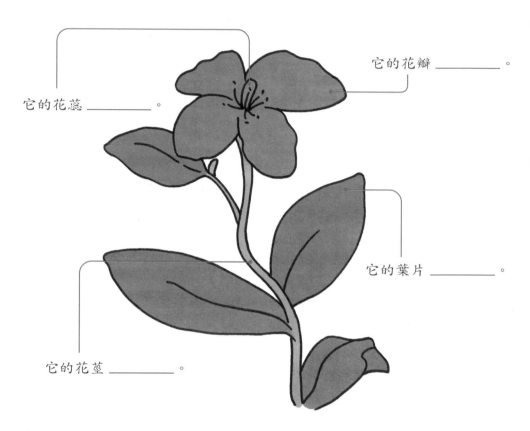

它的花蕊 ＿＿＿＿＿。

它的花瓣 ＿＿＿＿＿。

它的葉片 ＿＿＿＿＿。

它的花莖 ＿＿＿＿＿。

● 你最喜歡的五個玩具是什麼？請分別描述一下它們吧！

　　到這裡，我們已經掌握三種詞語，但是我們寫作的第一關還沒有結束！還有一些特別的詞等著和你見面，它們會是誰呢？

數詞、量詞、代詞

接下來，我們要學的詞不屬於名詞、動詞和形容詞中的任何一種，但你可不能忽略了它們，因為在寫作時，它們也是相當重要的！趕快來看看吧！

快看！

有多少？用數詞

　　數詞，是表示數目的詞。我們想清楚表達某種東西有多少時，常常會用到它們。

但有時你可能搞不清事物的具體數目，這時就可以在數詞前後，加上表示大概意思的詞。

如果你想替事物排個先後順序，這時也可以用上數詞。

給運動員
排名時：

看日曆時：

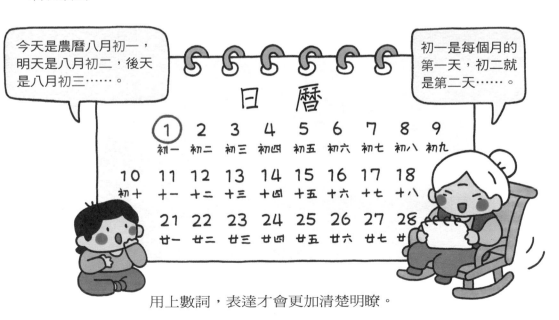

用上數詞，表達才會更加清楚明瞭。

最容易搞錯，量詞

　　量詞，是用來表示人、事物或動作等單位的詞，總是和數詞一起出現。很多人經常用錯量詞，有時還會鬧出笑話。

　　量詞看起來很難，但大膽聯想一下，你就會發現其實也很容易。

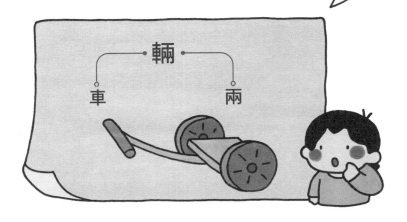

輛有車有兩。因為古代的車子是兩個輪子，所以車前面的單位要用輛！

棵有木有果。果樹是一棵結了果子的樹，所以樹前面的單位要用棵。

顆有果有頁。因為「果」表示掛在樹枝上的圓實籽實，而「頁」在甲骨文中是頭的意思，所以顆有小頭的意思。又小又圓的東西前面，單位要用顆，比如一顆珠子。

　　量詞和它對應的事物之間通常是有聯繫的，仔細觀察、動動腦筋，你一定能掌握量詞的用法！

現在，讓我們來練習更多量詞單位吧！請用鉛筆將最適當的量詞圈起來。

1. 一幅／付畫像。

2. 一副／付手套。

3. 一枝／隻狗。

4. 一襲／陣冷冽的寒風。

5. 一塊／道美麗的彩虹。

6. 一方／輛硯臺。

7. 一扇／縷輕煙。

8. 一條／首感人的歌。

9. 一顆／棵鏡頭。

10. 一座／坐立燈。

11. 一葉／片扁舟。

12. 與君一宗／席話，勝讀十年書。

答案：

1.幅　2.副　3.隻　4.陣　5.道　6.方

7.縷　8.首　9.顆　10.座　11.葉　12.席

代詞：你、我、他

代詞，具有代替或指示作用的詞，通常被用來指代人或事物。

這裡的「你」和「我」就是代詞，指的都是西西。

這裡的「她」代表豆豆，也是代詞。但要注意，如果豆豆是男生，就得用「他」。萬一豆豆是小貓的話，就得換成「牠」了！

代詞也會出現在提問時，指代我們不知道的人或事物。

　　這裡的「誰」、「什麼」、「哪裡」分別指代人、物、地點，自然也是代詞。當你不知道人或事物的名稱時，代詞就能派上用場。

　　我們已經學會了各式各樣的詞語，不妨來做一個搭配遊戲，看看會產生什麼奇妙的效果吧！例如，麵是個名詞，但如果在它的前面加上一個動詞，就會變成一個動作。

買麵

煮麵　　　　　　　　　　　　　吃麵

你也可以在前面加上形容詞，這樣你就能知道它是怎樣的麵條。

美味的麵　　　　　難吃的麵　　　　　長長的麵

當然，把形容詞放在名詞的後面，也可以幫助你了解它。

麵很香　　　　　　麵很辣　　　　　　麵很鹹

詞語搭配是不是很有意思？
不如自己試一試，將學過的
詞語組合起來吧！

相信你已經掌握了很多詞語，把這些詞語組合起來就會形成短語，短語可是學習句子的關鍵！寫作課還要繼續，一起翻開第二章吧！

六大句型，文字不卡關

　　在第一章，我們已經了解各式各樣的詞語。那麼，在第二章，我們要學習如何把詞語變成完整的句子。

　　現在，就讓我們一起去探索句子的奧祕吧！

要表達，就要說句子

小時候，只說詞語，好像沒人聽得懂我的意思。

後來我懂了，想讓媽媽買怪獸給我，就必須用句子說話。

現在的我，每天都會說很多句子，但是……。

陳述句：這是～、那是～

真頭疼！為什麼有時要說「這」，有時要說「那」？

快看，這是什麼？

錯啦，遠處的東西要用那！

好吧，那是什麼？

那是一本書。

那個呢？

那是一支筆。

快看，那是什麼？

錯啦，近處的東西要用這呀！

好吧，這是什麼？

這是一顆糖。

這個呢？

這是一瓶水。

媽媽說，多問多說，自然就能懂啦！

那是什麼？
那是洗碗機。

那個呢？
那是掃地機器人。

那個呢？
那是暖爐。

那個呢？
那是電烤箱。

那個呢？
那是吸塵器。

停！那些都是電器。

媽媽沒這麼簡單，她是……

我發現，我的媽媽並不只是「我的媽媽」這麼簡單。

如果我們惹她生氣，她就會超級大變身。

| 當我和弟弟打架時，

她是可怕的「大炮」。 | 當我和爸爸不願意去睡覺時，

她是吵個不停的「報時器」。 |
| 當我邊看電視邊寫作業時，

她是聲音洪亮的「大喇叭」。 | 當弟弟躲在被窩裡玩遊戲時，

她是無情的「大惡魔」。 |

可是，我也知道，雖然她表面上看起來凶巴巴，但她其實是個既溫柔又善良的人。

我還發現，除了媽媽，世界上的每個人其實都不簡單。

老師是世界上最喜歡罰我背課文的人。

爸爸是世界上最帥氣的人。

賣糖葫蘆的老爺爺是世界上最懂我的人。

弟弟是世界上最喜歡搶我玩具的人。

同學是世界上最喜歡踢足球的人。

而我是世界上最可愛的人。

說了這麼多，你覺得他／她是什麼樣子的人？

醫生是 ＿＿＿＿＿＿＿＿＿＿＿＿ 。　　＿＿＿＿＿＿＿＿ 是無私奉獻的英雄。

廚師是 ＿＿＿＿＿＿＿＿＿ 。　　＿＿＿＿ 是 ＿＿＿＿＿＿＿＿＿ 。

　　偷偷告訴我，你現在最喜歡的人是誰？說一說他／她是什麼樣子的人吧！

我最喜歡的人是 ＿＿＿＿＿＿＿＿＿＿ ，

他／她是 ＿＿＿＿＿＿＿＿＿＿＿＿＿＿＿＿ 。

表達說話者的看法：西瓜是……

老師說

西瓜是一種水果。

水果超市的
老闆說

西瓜是一種暢銷的水果

媽媽說

西瓜是一種營養價值很高的水果。

弟弟說

西瓜是一種甜滋滋的水果。

對我來說，西瓜可不僅僅是一種水果，只要我發揮想像力，西瓜可以是任何東西。

西瓜是我的飯碗。

西瓜是弟弟的帽子。

西瓜是黃色小鴨的游泳池。

西瓜是小狗的搖籃。

所以，西瓜是夏天送給我的最棒禮物。

除了西瓜，世界上還有很多東西，它們都可能是某個人的最愛。
比如：

你有觀察過身邊的東西嗎？你覺得它們是怎樣的？

＿＿＿＿＿ 是 ＿＿＿＿＿ 最喜歡的動物。　＿＿＿＿＿ 是 ＿＿＿＿＿ 最喜歡的玩具。

＿＿＿＿＿ 是 ＿＿＿＿＿ 最喜歡的文具。　＿＿＿＿＿ 是 ＿＿＿＿＿ 最喜歡的食物。

你最喜歡哪些東西？列一張「最喜歡」清單吧！

＿＿＿＿＿ 是我最喜歡的書。　　　　＿＿＿＿＿ 是我最喜歡的水果。

＿＿＿＿＿ 是我最喜歡的玩具。　　　＿＿＿＿＿ 是我最喜歡的蔬菜。

表狀態：他在……

好無聊的時候，不如去看看大家都在做什麼吧！

不如去公園走走，看看大家都在做什麼吧！

兩位老爺爺在下象棋。

老奶奶們在廣場跳舞。

小麗在遛狗。

小明和小莉在玩蹺蹺板。

接下來去超市逛逛吧！快看，他們都在做什麼？

李叔叔在 _____。　　　　搬運工在 _____。

張伯伯在 _____。　　　　上架人員在 _____。

顧客們在 _____。

疑問句：咦？

我發現，孩子們都喜歡問一些奇怪的問題。

我也是學生，所以我也喜歡問各種奇怪的問題。

當你看到這些，會問：

這顆蛋 _____？　　　這匹馬 _____？

這輛汽車 _____？　　　今天的雨 _____？

　如果有一面魔鏡可以回答你的任何問題，你想問什麼？

魔鏡啊魔鏡，_____？

設問句

　　今天的任務完成了嗎？當然……。我是一個奇怪的學生，我喜歡問自己一些問題，然後自己回答。而設問句，就是提出問題後，立即說出自己的看法。

今天好好吃飯了嗎？當然，連最討厭的胡蘿蔔，都吃完了！

今天睡午覺了嗎？當然，我整個下午都不睏！

今天寫字了嗎？當然，雖然寫得歪七扭八……。

今天幫媽媽掃地了嗎？當然，我還幫媽媽修好掃把了！

我真是一個厲害的怪孩子！

我發現，這個世界上奇怪的小朋友不只我一個。

我們一起做個怪孩子吧！

反問句：難道……嗎？

蛋糕真的太好吃了！我要讓全世界的人都知道、都想吃！

看他們的樣子好像不太想吃，我得換個說法。

看他們的樣子好像還是不太想吃，讓我想想該怎麼說。

苦瓜真的太難吃了！我要讓全世界的媽媽都知道！

但我發現，這樣說好像表達不出我有多討厭，於是我換個說法。

這樣說好像還是不行，於是我又換個說法，這次終於可以了。

　　掌握寫作的奧祕後，我發現如果一般的句式表達不出自己的強烈情感，就可以換上反問句。

我超級喜歡遊樂園，你能幫我表達一下對遊樂園的喜歡嗎？

遊樂園太好玩了，於是我忍不住說道：

我發現，這樣說好像表現不出我有多喜歡，於是我換個說法。

祈使句，用「請」表達指令

生活中，我們總是會接收到一些「指令」，要我們做某件事。

有些是不准我們做某件事。

大人告訴我，有時候，溫柔的指令更容易讓人接受。

溫柔的說話會讓人心裡更舒服！

當別人對你發出指令時，你更想聽到哪一種語氣？

當你想對別人發出指令時，怎樣說別人會更願意幫助你？

請在正確選項的圈圈裡打勾。

感嘆句：哇！真不錯呀！

我們有時候會傷心得流淚，有時候又會高興得歡呼！

喜怒哀樂，原來都可以讓人情不自禁的喊出聲來呀！

　　「太糟啦」、「真沒想到啊」、「多好呀」……原來對同一件事情，不同的人也會發出不同的感嘆。

如果外星人來了，你會說些什麼？

外星人長得

外星人的眼睛

原來外星人

它的鼻子

用對關聯詞，表達更清楚

　　雖然我們已經會說句子，但有時好像還是表達得不準確。唉，真難！

媽媽，我要一邊刷牙，一邊吃早餐！

錯啦，吃早餐和刷牙不能同時進行！

好吧，那我要怎麼說？

你應該說先刷牙，

再吃早餐！

錯啦，漂亮和美麗是同一個意思！

好吧，那我要怎麼說？

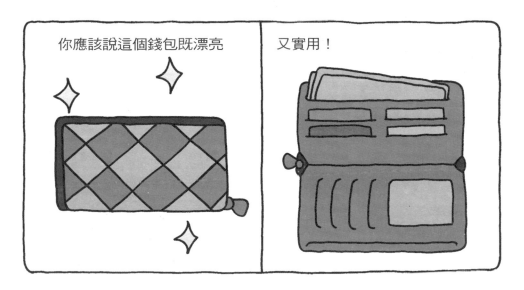

媽媽說，只有用對關聯詞，才能把句子理通順、說準確。

當你要別人做出選擇時，可以問：

我們是去打遊戲，還是去看電視？

當你向別人講述你的理由時，可以說：

因為這本書很精彩，
所以我很喜歡看。

當兩件事能同時做時，可以說：

我們可以一邊整理房間，
一邊聽音樂。

當你想表達事情的先後順序時，可以說：

我先穿衣服，再刷牙洗臉，最後吃早餐。

當兩件東西你都想要時，可以說：

我既想吃蛋糕，又想吃冰淇淋。

當你的腦海中有一個絕妙的想法時，可以說：

如果我能變成一隻鳥，就可以在空中自由飛翔。

　　我還發現，同樣的兩件事，如果用不同的關聯詞，會表達出不一樣的意思。

使用不同的關聯詞，可以改變事情的意思！

標點符號是個龐大的家族，除了句號、驚嘆號、問號、逗號、冒號、雙引號，還有很多其他的成員。

標點符號大家族

單引號「」
雙引號『』
頓號、
分號；
*夾注號（）
（又叫圓括號）
*黑括號【】
方括號、中括號〔〕
書名號《》
刪節號……
破折號——

夾注號的不同變體。

* 夾注號：一般用來補充、評述自己的看法或標示說明；或是夾注號中再有夾注時，必須先用方括號〔〕。
* 黑括號：多用於字典或詞中被解釋的詞語。

現在，讓我們來小試身手吧！請在□內填上正確的標點符號。

1. 班導師說□「我要帶全班同學去澎湖旅行。」

2. 你看□那個人也太帥了吧□

3. 動物園裡有很多動物，有長頸鹿□河馬□鱷魚□大象□。

4. 你看過□蠟筆小新□最新的電影了嗎？

5. 歐陽脩□宋朝人□寫了許多傳頌千古的文章。

6. 俗話說：□一分耕耘，一分收穫。□

7. 你開心，我跟著你開心□你難過，我陪著你難過。

8. 每天回家就打電動，接著□又看漫畫，難怪你每天上學都遲到。

9. 同學今天問我：「你知道唐朝大詩人李白曾說：□天生我材必有用。□這句話嗎？」

10. 蔣渭水□西元 1891-1931 年□，字雪谷，宜蘭人。

答案：

1. ：　　　2. ，！　　3. 、、、……　　4. 《》

5. （）　　6. 「」　　7. ；　　8. ──

9. 『』　　10. （）

到這裡，相信你已經學會寫句子！但我們不能只滿足於會寫句子，還要想辦法把句子寫得更生動、有趣。那要怎麼做？

快快翻開第三章尋找答案吧！

擅長寫細節，
作文很加分

恭喜你已經學會詞語和句子。但想要寫好文章，還要學會觀察細節。具體該怎麼做？

快到接下來的章節中，尋找答案吧！

觀察細節，就能講好你的故事

有一次去奶奶家，她問我……

可是，奶奶都聽不懂。

後來，媽媽告訴我，想讓別人了解一個人，我們就得講清楚、說詳細。要做到這一點，就得學會觀察細節、發現特點。

找找媽媽身上的細節

　　觀察一個人是有方法的，一般先從外貌開始。現在，讓我們來試一試從最親近的媽媽身上找找細節吧！

先觀察媽媽的頭部。

又長又翹的睫毛

蓬鬆微捲的頭髮

彎彎的眉毛

大大的耳朵

眼角的淚痣

白裡透紅的皮膚

櫻桃小嘴

媽媽臉上最特別的就是那雙「會說話」的眼睛，它能告訴我們很多細節！

眼神愉悅，代表她很高興。

眼神犀利，代表她很生氣。

眼神憂鬱，代表她很沮喪。

眼神溫柔，代表她很放鬆。

媽媽的眼睛藏不住祕密，透過眼神，我和爸爸就能知道她的心情。

再看看媽媽的身材。

高躺的個頭

窄窄的肩膀

尖尖的手指

纖細的手臂

平坦的肚子

為了保持自己的身材，媽媽每天都堅持運動。

慢跑幫助她減掉脂肪。

練瑜伽幫助她改善睡眠。

騎腳踏車幫助
她放鬆大腦。

跳健身操，促進她的血液循環。

長久的堅持，讓她擁有了健康的身體。

除此之外，一個人的說話方式和生活習慣，也是我們要觀察的。

擦完保養品後會不停的拍臉。

一坐下來，就喜歡蹺二郎腿。

生氣時總是雙手叉腰。

打掃時會揮手，叫我們抬腳。

要得到一個更為真實、具體的人物形象，還要觀察一下人物的行為舉止！

但有時……

出門經常忘記帶鑰匙。

一到超市，就忘了自己要買什麼。

講電話太認真，會忘記自己在煮飯。

睡覺前總是忘記關燈。

媽媽很善良，但生活中總是有點小糊塗。
無數個小細節拼湊在一起，就組成了世界
上獨一無二的媽媽！

你能觀察一下你的媽媽是什麼樣子嗎？記得從外貌、說話方式、行為舉止和生活習慣等方面，仔細觀察。

　　讓我再來考考你吧！請你根據我們前面說的方法，觀察一個好朋友身上的所有細節。

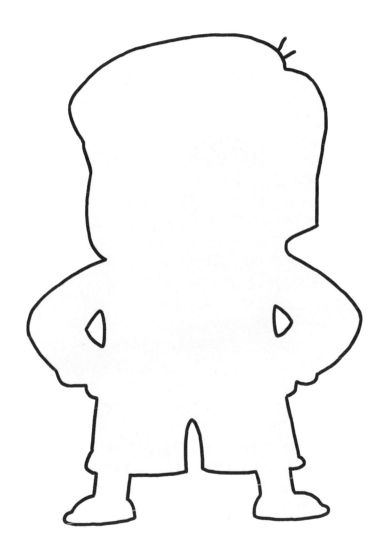

　　根據你的觀察，是不是能得到一個生動的人物形象？如果能，恭喜你，你就學會了！

用眼睛看：家、玩具、鋼筆

先來看看我家的大環境。一進門，就能看到我家的客廳。客廳很大，裡面擺放著很多的東西。

倒水時會咕嘟作響的飲水機

舒適的沙發

喜歡蜷成一團的貓咪

柔軟的地毯

美味的食物

兩個我那麼高的空調

長方形的茶几

充滿生機的植物

寬大的電視機

往右走，第二個房間，就是我的臥室。我的臥室雖然不大，但裡面擺放的東西可不少。

爸爸送我的
鋼筆

媽媽買給我
的小怪獸

同學送我的
漫畫書

奶奶送我的
積木玩具

在航太太空博
物館買的火箭
模型

爺爺親手做給
我的吊床

除了觀察大環境之外，還可以去發現一些小細節。

你看，這是我最喜歡的玩具
──小怪獸。

當然，它也是我的守護神。

　　一支小小的鋼筆也能擁有很多細節，就看你能不能用眼睛去發現它們了。例如，這是我最喜歡的文具——鋼筆。

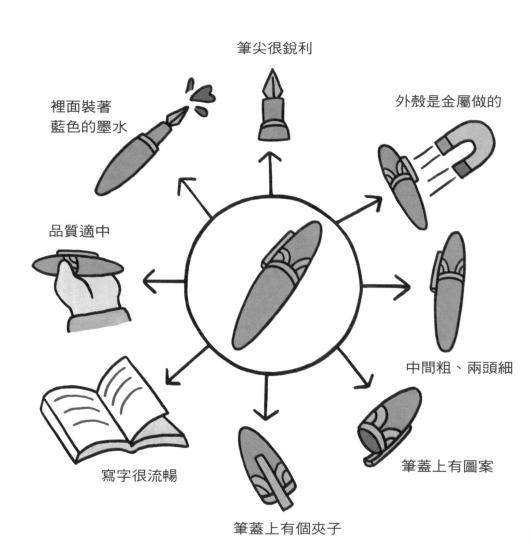

筆尖很銳利

裡面裝著
藍色的墨水

外殼是金屬做的

品質適中

中間粗、兩頭細

寫字很流暢

筆蓋上有圖案

筆蓋上有個夾子

除了直接看到，在它身上可能還
發生過很多小故事，這些如果你也能
找出來，那就更棒啦！

它很結實，有一次從書桌上掉到
地上，也沒摔壞。

我為它訂製了一個專屬的筆盒。

我喜歡用它來寫字和畫畫。

最重要的是，這支鋼筆是爸爸送
我的，大家都很羨慕我！

我家裡還有一個小寵物，那就是我最親密的夥伴──小貓咪咪嗚。

牠是這個世界上最愛我的小貓咪。

牠每天都會到門口等我回家。

有時會陪我一起喝羊奶。

無聊的時候，牠會陪我玩捉迷藏。

玩累了，牠就會向我撒嬌，趴在我腿上睡覺。

怎麼樣，你的家裡也有很多很多細節吧？這些都要仔細觀察才能發現哦！

接下來，請你嘗試仔細觀察你家的客廳，並把你看到的全部寫在下面的方框裡。

提示：記住觀察方法，先看看進門後可以看到什麼，再環顧四周，找一找有哪些細節。

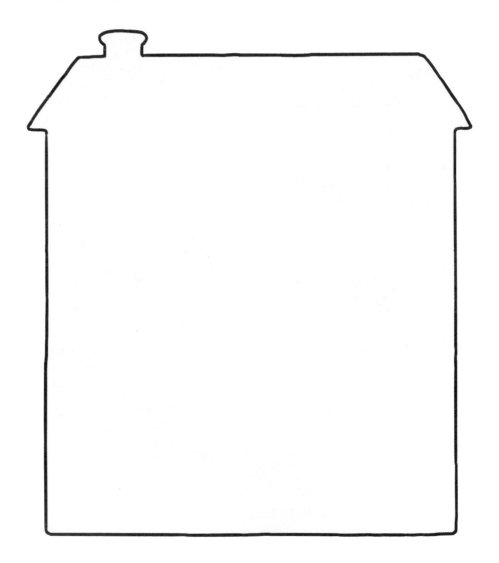

現在，到你的臥室，仔細看一看，把你觀察到的細節寫下來吧！

提示：還是一樣的觀察方法！

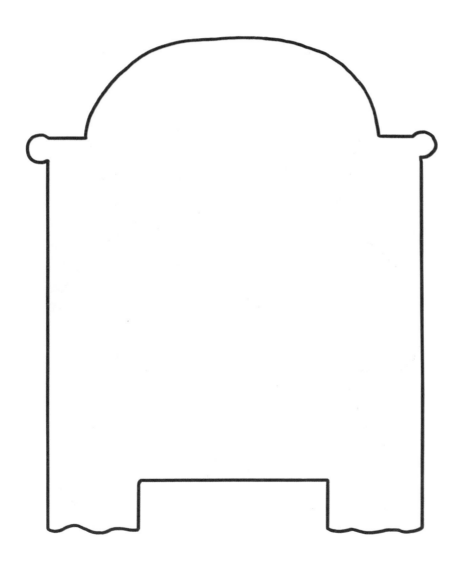

請你再觀察一下你最喜歡的玩具吧！有哪些有趣的細節？快寫下來吧！

提示：我們可以看一看它的外形、摸一摸它的材質，並回憶一下發生過哪些有趣的事情。

　　觀察完自己的家，再來觀察一下你居住的社區，或是社區附近的商店、超市，一起完成觀察環境的這堂課吧！

五感觀察法

除了用眼睛看之外，觀察還可以用耳朵聽、鼻子聞、嘴巴嚐、小手摸。這些都可以幫助我們獲得更多的細節。

週末，爸爸、媽媽要帶我去爬山。快來看看我的背包裡準備了什麼吧！

有背帶的水壺

一件防水外套

一條擦汗的小毛巾

可以驅趕蚊蟲的噴霧

瓢蟲外形的充電器

我們來到景區的售票處，遠遠就能看到景區裡美麗的風景。

上山的方式也太多了，你們有仔細觀察過嗎？快來看看吧！

坐觀光巴士　　　　　　　　　　　　坐纜車

騎越野車　　　　　　　　　　　　　步行

開汽車　　　　　　　　　　　　坐觀光小火車

我最喜歡的上山方式是坐纜車，因為它看起來太有趣！不過，我們最終還是決定徒步上山，因為爸爸說這樣可以近距離觀察景物。

上山的時候，我聽到了很多奇妙的聲音。

隊員們相互鼓勵的「加油」聲。

腳踏車鈴噹發出的「叮叮」聲。

觀光車輾過路面
的「唰唰」聲。

小鳥像唱歌一樣發出
的「唧唧」聲。

風吹樹葉發出的
「沙沙」聲。

人們開懷大笑的
「哈哈」聲。

149

一路往上爬，我們還看到了各式各樣的人。

步伐有力的小販

身材高大的外國遊客

怡然自得的畫家

忙著拍照的遊客

繼續向上，我們還發現了許多小動物。

*音同「吃」。

穿過樹林時，我們可以用手觸摸到各式各樣的東西。

樹幹很粗糙

青草非常柔軟

溪邊石頭溼漉漉的

不知不覺就爬到了半山腰上。哇，這裡的景色看起來可真美呀！

像老鷹一樣的巨石

像水晶簾子一樣的瀑布

傲然挺立的迎客松

古樸的寶塔

青翠的竹林

黑忽忽*的溶洞

* 昏暗模糊不清的樣子。

讓我們來仔細觀察一下這棵壯觀的迎客松吧

*音同「岔」。

告別了迎客松，我們來到了休息區。各式各樣美食的氣味一下子撲鼻而來……我們可以用鼻子聞一聞、用嘴巴嚐一嚐，了解各種美食的細節。

酸檸檬聞起來讓人直流口水。

苦咖啡喝起來像中藥的味道。

燒烤的香味讓我停下了腳步。

爆米花散發著誘人的奶油味。

糖葫蘆吃起來酸酸甜甜的。

樟樹的氣味像薄荷油一樣。

垃圾桶臭烘烘的。

臭豆腐聞起來像壞掉的乳酪。

157

短暫的休息之後，我們一鼓作氣爬到了山頂。山頂的視野可真開闊，
山下的一切看起來都變得小小的！

河面亮閃閃的，猶如長長的錦緞

遠處的迎客
松像棵小小
的樹苗。

寶塔像玩具
模型一樣。

霧氣像絲帶一樣四處纏繞。

皺巴巴的石壁像老爺爺的皮膚一樣。

大橋像一道彎彎的彩虹。

山下的樓房像積木一樣排列著。

汽車變得跟弟弟的玩具一樣小。

山下的遊客如同螞蟻一般渺小。

玩得正開心時突然下起雨來，我們只好坐車下山。不過，雨中的景色也別有一番趣味！

雨水打在車頂發出「滴答滴答」的聲音，聽起來像一首旋律優美的歌曲。

司機叔叔按著喇叭，發出「嘟嘟」的聲音，聽起來像打鼓一樣。

路面上都是積水，看起來溼漉漉的。

雨水飄到嘴裡，嚐起來像白開水一樣。

透過 _____，得知小鳥正在樹上唱著歌。

透過 _____，感覺青草質地柔軟。

透過 _____，聞到爆米花奶香撲鼻而來。

透過 _____，覺得糖葫蘆酸甜可口。

經過這階段的修練，我們已經打下了非常扎實的寫作基礎。觀察到的細節越豐富，我們可以用來寫作的素材就越充足。

接下來一起做個小練習，看看你的觀察力到哪個階段了吧！

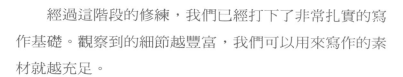

觀察一個複雜場景裡的人物和環境，可以是動物園、植物園，或者大型超市、商場等，把你看到的細節詳細的記錄下來，越豐富越好！

快寫下來吧！

我家附近的商場裡有 ＿＿＿＿＿＿＿＿＿＿＿＿＿＿＿。

　　恭喜你，相信你的觀察能力已經更上一個臺階了！那麼，除了抓住細節之外，還有什麼可以讓我們的文章更加出色呢？

　　趕快翻開下冊《愛上寫作很容易──四類修辭＋三種觀察》，去尋找答案吧！

國家圖書館出版品預行編目（CIP）資料

愛上寫作很容易——六類詞語＋六種句型：作文
起步大全，從無話可寫到妙筆生花、情感豐富，
考試拿高分。／段張取藝著. -- 初版. -- 臺北市：
任性出版有限公司，2024.03
176 面：17×23 公分. --（drill；024）
ISBN 978-626-7182-58-1（平裝）

1. CST：漢語教學　2. CST：作文
3. CST：寫作法　4. CST：小學教學

523.313　　　　　　　　　　　　112020379

drill 024

愛上寫作很容易——六類詞語＋六種句型

作文起步大全，從無話可寫到妙筆生花、情感豐富，考試拿高分。

作　　者／段張取藝
責任編輯／黃凱琪
校對編輯／林盈廷
美術編輯／林彥君
副總編輯／顏惠君
總 編 輯／吳依瑋
發 行 人／徐仲秋
會計助理／李秀娟
會　　計／許鳳雪
版權主任／劉宗德
版權經理／郝麗珍
行銷企劃／徐千晴
業務專員／馬絮盈、留婉茹、邱宜婷
行銷、業務與網路書店總監／林裕安
總 經 理／陳絜吾

出 版 者／任性出版有限公司
營運統籌／大是文化有限公司
　　　　　臺北市 100 衡陽路 7 號 8 樓
　　　　　編輯部電話：（02）23757911
　　　　　購書相關資訊請洽：（02）23757911 分機 122
　　　　　24小時讀者服務傳真：（02）23756999
　　　　　讀者服務E-mail：dscsms28@gmail.com
　　　　　郵政劃撥帳號：19983366　戶名：大是文化有限公司

法律顧問／永然聯合法律事務所
香港發行／豐達出版發行有限公司 Rich Publishing & Distribution Ltd
　　　　　地址：香港柴灣永泰道70 號柴灣工業城第 2 期 1805 室
　　　　　　　　Unit 1805, Ph .2, Chai Wan Ind City, 70 Wing Tai Rd, Chai Wan, Hong Kong
　　　　　電話：21726513　傳真：21724355
　　　　　E-mail：cary@subseasy.com.hk

封面設計／禾子島
內頁排版／顏麟驊
印　　刷／緯峰印刷股份有限公司

出版日期／2024 年 3 月初版
定　　價／390 元
Ｉ Ｓ Ｂ Ｎ／978-626-7182-58-1
電子書ＩＳＢＮ／9786267182611（PDF）
　　　　　　　9786267182604（EPUB）